WORDS FOR THE ROAD X

101 short reflections and puns

ORD MED PÅ VEIEN X

101 korte refleksjoner og ordspill

Other books written by George Manus:

THOUGHTS, English
TANKER, Norwegian

REFLECTIONS I, English
REFLEKSJONER I, Norwegian

REFLECTIONS II, English
REFLEKSJONER II, Norwegian

REFLECTIONS III, English
REFLEKSJONER III, Norwegian

A WOMAN'S MANY MIGRATIONS, English
EN KVINNES MANGE FLYTTINGER, Norwegian

INNOVATIONS AND CREATIONS, English

THE MAX MANUS COMPANIES -70 years in communication, English
MAX MANUS FIRMAENE - 70 år i kommunikasjon, Norwegian

STORIES & THOUGHTS I, English
HISTORIER & TANKER I, Norwegian

WORDS FOR THE ROAD   ORD MED PÅ VEIEN I   English - Norwegian

WORDS FOR THE ROAD   ORD MED PÅ VEIEN II   English - Norwegian

WORDS FOR THE ROAD   ORD MED PÅ VEIEN III   English - Norwegian

WORDS FOR THE ROAD   ORD MED PÅ VEIEN IV   English - Norwegian

WORDS FOR THE ROAD   ORD MED PÅ VEIEN V   English - Norwegian

WORDS FOR THE ROAD   ORD MED PÅ VEIEN VI   English - Norwegian

WORDS FOR THE ROAD   ORD MED PÅ VEIEN VII   English - Norwegian

WORDS FOR THE ROAD   ORD MED PÅ VEIEN VIII   English - Norwegian

WORDS FOR THE ROAD   ORD MED PÅ VEIEN IX   English - Norwegian

WORDS FOR THE ROAD   ORD MED PÅ VEIEN IX   English - Norwegian

You are heartedly welcome to quote from this book, respecting the copyright.

ISBN: 9788743028246

Author: George Manus
Copyright: George Manus
Design and layout: Ole Praud
Illustrations: Laura Hamborg

Print:
Books on Demand, Norderstedt, Germany

Editor:
Books on Demand, Copenhagen, Denmark, www.BoD.dk

e-mail: george.manus@mminnovation.no
Homepage: www.george-manus.jimdo.com

Preface

With this "WORDS FOR THE ROAD X", the tenth in the series, I have left behind 1001 "Short reflections and puns".

Unlike the first nine, each containing 100, this one has 101, indicating that a limit has to be set.

It has been a hectic but exciting journey, as it has only been about two years since the first book in the series was published.

I have dedicated it to the simple but so important word "Curiosity", which I wrote a reflection on in March 2013 and which you can read from page 14. (From REFLECTIONS II)

I see curiosity as the driving force which makes you put one foot in front of the other in your everyday life, but which only apply to the curiosity starting with "why".

The content was first written in Norwegian and then translated into English, so I ask the reader to be overbearing about the English presentation, which often does not get quite the same rhythm and meaning as the Norwegian.

The table of contents is presented separately in alphabetical order in both English and Norwegian. In the book, the English comes first, with the corresponding Norwegian next to it

Many of these words for the road may be obvious to some people, but can still be good to have in writing.

If you feel that you have heard any of then before, I guarantee that it has never been my intention to plagiarize.

I thank Laura Hamburg for the illustrations and my friend Ole Praud for his consultancy work.

The South of Spain
May 2020
George Manus e-mail: george.manus@mminnovation.no

Forord

Med denne ORD MED PÅ VEIEN X, den tiende i rekken, har jeg nå lagt bak meg 1001 "Korte refleksjoner og ordspill".

Det vil si, at i motsetning til de første ni, som hver inneholder 100, har denne 101. Dette for å markere at et sted må grensen settes, i hvert fall i denne omgang.

Det har vært en hektisk men spennende reise, da det kun er gått vel to år siden den første bok i serien ble utgitt.

Jeg har dedikert den til det enkle men så betydningsfulle ordet "Nysgjerrighet", som jeg skrev en refleksjon om i mars 2013, og som du kan lese fra side 18. (Fra REFLEKSJONER II)

Jeg ser nysgjerrigheten som en av drivkreftene som får meg til å sette en fot foran den andre i dagliglivet, men det gjelder kun den nysgjerrigheten som starter med "hvorfor".

Innholdet i boken ble først skrevet på norsk og deretter oversatt til engelsk, så jeg ber leseren være overbærende når det gjelder den engelske presentasjonsformen, som ofte ikke får helt den samme rytmen og meningen som den norske.

Innholdsfortegnelsen presenteres i alfabetisk rekkefølge både på engelsk og norsk. I boken kommer de engelske først, med de korresponderende norske ved siden av.

Mange av disse ord med på veien kan være innlysende for noen, men kan allikevel være gode å ha på skrift.

Hvis du har følelsen av at du har hørt noen av dem før, garanterer jeg at det aldri har vært min tanke og plagiere.

Jeg takker Laura Hamborg for illustrasjonene og min venn Ole Praud for konsulentarbeidet.

Syd i Spania

Mai 2020

George Manus e-mail: george.manus@mminnovation.no

CONTENT

INNHOLD

Curiosity

March 2013

"I wonder what I will get to see, beyond the lofty mountains". Who wrote this I'm not quite certain, but I believe that it was the famous Norwegian writer Bjørnstjerne Bjørnson.

In my opinion it symbolizes curiosity. "The eye will surely meet nothing but snow".

Supposition, nothing certain, what else, curiosity.

Was it a quotation from Bjørnson or someone else, am I not curious about that?

Not really, I probably don't have the capacity to be curious about everything, that would be too time-consuming. There have to be priorities.

For the sake of this reflection, I had to check it anyway, and sure enough, it was Bjørnson. "Around and about there are nothing but trees, I would very much like to get across; - when will I ever dare?"

One would think after this that everyone has certain subjects for their curiosity.

If there is some truth in any of this, we're all curious, but for most of us our curiosity is limited to that which we feel strongly about or are especially interested in. In other words, the interesting question is not whether one is curious or not, as everyone is curious to some extent or other.

Does this mean that if one doesn't have the ability to ask questions, or is indifferent to finding answers to one's questions or if one hasn't got any questions at all, then one is lacking in curiosity?

Probably yes, but again, most people find, within their areas of interest, ways of showing their curiosity and thus find answers to their questions.

There's nothing wrong in that, we don't all have to be the same.

In my case, curiosity is the same as being and feeling alive.

I see it as a driving force, that which makes you put one foot in front of the other in your everyday life.

Curiosity is the driving force behind progress.

Forget the curiosity which makes one poke one's nose into other people's business, that seldom leads to anything good and one is better off without such information.

It's the curiosity which asks questions beginning with "why?" which in my opinion is the important one.

Again, when one doesn't ask questions one remains single-minded, one comes to a halt and doesn't get any further. It's good that I've come to the conclusion that we all have degrees of curiosity.

In November 1994 I wrote the reflection "Why?" When I refer to events during my time at school in Italy as a 17-18 year-old, I wasn't as aware of things as I became later in life. That's why I asked questions like: "What makes us so often ask the question, "Why?" Is it because we're curious or because we're ignorant?"

I saw "why?" from a completely different angle then than I did later on, but perhaps it helped me become aware of the word as I understand it today.

My angle then had more to do with language and

communication than with the more general significance of curiosity as the driving force behind progress.

Can one be curious about curiosity, or is that gilding the lily? Does one in that case end up in a never ending circle? If one is curious about something, without having found the answer, one can, of course, assume an answer and renew one's curiosity on that basis.

I've always been into technical challenges and have in all modesty found solutions to various such challenges. As one can see, I prefer to call them challenges instead of problems, and these solutions have led to both patents and the manufacture of new products.

The expression "problems" is negative, whereas the word "challenges" trigger solutions.

This sidestepping is another matter altogether but I'm convinced that everyone who has had anything to do with product development will agree with me that in order to find satisfaction in this field one has to be curious and look at "why?" from the above-mentioned angle.

Curiosity is the driving force behind progress.

I'm curious as to whether anyone has got anything sensible out of this, but I'm not really interested enough to ask. It could result in my having a set-back which would reduce my curiosity and, as one may have understood, I would rather not lose it.

About to Regret

I regret little of what I have done, for
luckily my memory's quickly gone.
I regret more what I didn't do, all of
which would have been second to none.

Gave people chances – from near and
far, always kept the door ajar.
Yes, it has often been very dear, and
hasn't always got out of low gear.

A tougher stand with demands and de-
cisions – would that have been the road
to greater expansion?

Undoubtedly short term but therein
lies the strength, of those who know
their profession at length.

One needs practical experience and
time to roost, maturity, effort and lots
of boost.

1994

Nysgjerrighet

Mars 2013

"Undrer meg på hva jeg får å se, over de høye fjelle?". Hvem som skrev dette husker jeg ikke helt sikkert, men mener det var Bjørnstjerne Bjørnson. Etter min mening symboliseres her nysgjerrigheten. "Øyet møter nok bare sne". Antagelse, intet sikkert, hva annet, nysgjerrighet. Hva så med om det var Bjørnson eller en annen som skrev teksten, er jeg ikke nysgjerrig på det?

Egentlig ikke, har antagelig ikke kapasitet til å være nysgjerrig på alt, det ville bli alt for tidskrevende.

Det må prioriteres.

Måtte for denne refleksjonens skyld allikevel sjekke, og jo da, riktig nok, det var ham.

"Rundt omkring står det bare tre, ville så gjerne over;- tro når jeg reisen vover?"

Man skulle etter dette tro at alle har noen områder som man er nysgjerrig på.

Hvis det er noe riktig i dette så er vi alle nysgjerrige Men for de fleste av oss dreier det seg vel da om nysgjerrigheten tilhørende de områder vi føler sterkt for, eller som vi er spesielt interessert i. Med andre ord er det ikke et spørsmål om man er nysgjerrig eller ikke, vi er nok alle nysgjerrige i større eller mindre grad.

Betyr dette at hvis man ikke har evnen til å stille spørsmål, hvis man er likegyldig til å finne svar på spørsmål man selv har, eller om man ikke har spørsmål i det hele tatt, ja, så mangler man nysgjerrighet?

Antagelig ja, men igjen, de fleste finner sikkert innen sine interesseområder forskjellige måter å vise sin nysgjerrighet på og derved få svar på sine spørsmål.

Sikkert ikke noe galt med det, vi skal jo så visst ikke alle være like.

For min egen del er nysgjerrighet likestilt med det å være, det å leve.

Jeg ser det som en av drivkreftene, det som får deg til å sette en fot foran den andre i dagliglivet. Nysgjerrighet er drivkraft til fremdrift.

Glem den nysgjerrigheten som går på å stikke nesen sin i andres saker, den kommer det sjelden noe godt ut av og det man eventuelt kan lære av det kan man godt være foruten.

Det er den nysgjerrigheten som starter med "hvorfor?" som etter min mening er den viktige.

Igjen, stiller man ikke spørsmål forblir man er ensporet, man stopper opp og kommer ikke videre? Det er godt at jeg er kommet til at vi alle har grader av nysgjerrighet.

I november 1994 skrev jeg refleksjonen "Hvorfor?".

Når jeg der refererte til hendelser under min skoletid i Italia som 17-18 åring, var jeg nok ikke meg selv så bevisst som senere i livet. Derfor stilte jeg spørsmål om, sitat: "Hva kommer det av at vi svært ofte stiller spørsmålet, Hvorfor? Er det fordi vi er nysgjerrige, eller fordi vi er uvitende?"

Jeg la en helt annen vinkling på "hvorfor?" den gangen enn senere, men kanskje det allikevel var med på å bevisstgjøre den betydning jeg legger i dette ordet nå.

Vinklingen den gang gikk mer på språk og kommunikasjon enn på den generelle betydning av nysgjerrighet som drivkraft for fremdrift.

Kan man være nysgjerrig på nysgjerrigheten, eller blir dette smør på flesk? Ender man i så tilfelle i en uendelig sirkel?

Er man nysgjerrig på ett eller annet, uten å ha funnet svaret, kan man selvfølgelig anta et svar og så fornye nysgjerrigheten på det grunnlag.

Jeg har alltid hatt sans for tekniske utfordringer og har i all beskjedenhet funnet løsninger på flere slike. Som man ser kaller jeg dem tekniske utfordringer, ikke tekniske problemer, og disse løsningene har ført til både patenter og produksjon av produkter.

Betegnelsen problemer er negativ, mens utfordringer trigger til løsninger.

Dette sidesporet er en helt annen sak, men jeg er overbevist om at alle som har vært i nærheten av å drive produktutvikling vil være enig med meg i at skal man på noen måte finne tilfredsstillelse i dette, må man være nysgjerrig og da med den ovenfor nevnte vinklingen på "hvorfor?"

Nysgjerrighet er en vesentlig drivkraft til all fremdrift.

Jeg er nysgjerrig på om noen i det hele tatt har fått noe fornuftig ut av dette, men er allikevel ikke så interessert at jeg vil stille spørsmål om det.

Det kunne jo ende med at jeg dermed får meg en smekk over fingrene som vil redusere min nysgjerrighet og som man har forstått vil jeg nødig miste den.

Om å angre.

Jeg angrer på lite av det jeg har gjort,
for heldige meg, jeg glemmer så fort.
Jeg angrer mer på det jeg ikke gjorde,
alt det som kunne blitt til det riktig store.

Gav mennesker sjanser - og sjanser igjen,
jeg holdt alltid døren litt på klem.
Ja, det har kostet mer enn det smakte
og ting har til tider gått alt for sakte.

En tøffere holdning med krav, konsekvenser-
ville det vært svaret som utvidet grenser?
Utvilsomt på kort sikt men hvor er det styrke,
hos den som grundig behersker sitt yrke.

Til det trengs praktisk erfaring og tid,
det trengs modning, innsats og mye giv.

1994

EXPERIENCES AND CONSCIOUSNESS

One should think about what Experiences one has gained in life and raise Consciousness of the ones one considers having been of importance to one's development.

Oct. 2013

SOMETHING TO CARRY

Everyone has something in their backpack that we wish wasn't there. Understood as having a bad conscience for one thing or another. How we deal with it is determined by the prerequisites we have in assessing the situation.

Nov. 2019

FLAWLESS III

If you have made a mistake that concerns others, it is no shame to admit it. On the contrary, one who does it will often be respected.

June 2020

ERFARING OG BEVISSTHET

Man bør tenke gjennom hvilke Erfaringer man har gjort seg i livet og Bevisstgjøre de man mener har vært av betydning for ens utvikling.

Oktober 2013

NOE Å BÆRE PÅ

Alle har ett eller annet i ryggsekken som vi ønsker ikke var der. Forstått som at vi har dårlig samvittighet for ett eller annet. Hvordan vi takler det er bestemt ut fra de forutsetninger vi har til å bedømme situasjonen.

Nov. 2019

FEILFRI III

Har du begått en feil som vedrører andre, er det ingen skam å innrømme det. Tvert imot, det vil ofte stå respekt av en som gjør det.

Juni 2020

CONTINUATION

As long as the sun lets through and the globe has enough water, life Continues.

Oct. 2019

THE LOST

It is impossible to recover the Lost. The day you think you have done it, the time difference comes into your disfavour.

Oct. 2019

HEALTHY BUSINESS

A Healthy Business can only flourish when all links in the chain are given revenue opportunity.

Oct. 2019

FORTSETTELSE
Så lenge solen slipper gjennom og kloden har nok vann, Fortsetter livet.

Okt. 2019

DET FORTAPTE
Det er umulig å ta igjen det Fortapte. Den dag du tror du har greid det, kommer tidsforskjellen i din disfavør.

Okt. 2019

SUNN FORRETNING
En Sunn Forretning kan kun blomstre, når alle ledd i kjeden gis inntjeningsmuligheter.

Okt. 2019

CONFIDENCE TO THE SUPPLIER
Confidence To The Supplier at all stages of the chain, is a prerequisite for success in business.

Oct. 2019

LACK OF ADAPTATION
As long as there is no understanding of dependence on each other, the words Lack of Adaptation is what slows progress for all of us. Some professions will have to give way to change. Logically, this will lead to protests and challenges, but nothing can change the natural evolution. Politicians must learn to use the word Adaptation and put it to life. If not, we continue to waste valuable time fighting for a hopeless future.

2016

OVER POWER
To bow to the Over Power does not necessarily mean that you have given up the fight.

Oct. 2019

TILLIT TIL LEVERANDØREN

Tillit Til Leverandøren i alle ledd av kjeden, er en forutsetning for suksess i forretningslivet.

Okt. 2019

MANGEL PÅ TILPASNING

Så lenge det ikke er forståelse for avhengighet av hverandre, er ordene Mangel på Tilpasning de som bremser veien fremover for oss alle. Enkelte yrker vil måtte vike for endringer. Logisk nok vil dette føre til protester og utfordringer, men ingenting kan endre den naturlige evolusjonen. Politikere må lære å bruke ordet Tilpasning og sette det ut i livet. Hvis ikke, fortsetter vi å kaste bort verdifull tid på å kjempe for en håpløs fremtid.

2016

OVERMAKTEN

Å bøye seg for Overmakten, betyr ikke nødvendigvis at man har gitt opp kampen.

Okt. 2019

Blance and imbalance
Balanse og ubalanse

Laura Hamborg

Girls can do anything
Jenter kan gjøre alt

Laura Hamborg

ABOUT SETTING BOUNDARIES

Setting clear Boundaries does not always mean that they Are locked. Through diplomacy you often find compromise.

Oct. 2019

ABOUT APPRECIATION

Not everyone Appreciates your enthusiastic expression. Be tolerant, we must all learn to accept that we are different.

Oct. 2019

DOES MONEY GROW ON TREES?

Those who believe that money grows on trees will experience that in that case they mature quickly, fall down and rot.

Oct. 2019

OM Å SETTE GRENSER

Selv om man Setter klare Grenser, betyr det ikke alltid at de er låst. Gjennom diplomati finnes det ofte kompromiss.

Okt. 2019

OM Å SETTE PRIS PÅ

Ikke alle Setter Pris På at man lar sin begeistring komme til uttrykk. Vær tolerant, vi må alle lære å aksepterer at vi er forskjellige.

Okt. 2019

GROR PENGER PÅ TRÆR?

De som tror at penger gror på trær, vil erfare at de i så tilfelle modnes fort, faller ned og råtner.

Okt. 2019

POOR CONFIDENCE
Poor Confidence to the supplier at all stages of the chain, gives insecurity and dampen commitment in business-life.

Oct. 2019

NEWS-CRISIS MAXIMIZING II
"Victim survivor" now seems to have become the new forms of expression the media has set out to describe any kind of human abuse. Stop this Crisis Maximization before it puts deep and irreparable traces.

March 2019

THE DEEP ONE
All enlightened people know that it literally burns under our feet, but only those who feel the warmth on the sole of the foot do something about it.

March 2019

HALTENDE TILLIT

Haltende Tillit til leverandøren i alle ledd av kjeden, gir utrygghet og demper innsatsviljen i forretningslivet.

Okt. 2019

NYHETER-KRISEMAKSIMERING II

"Overlevende offer" ser nå ut til å ha blitt den nye uttrykksformer media har lagt seg til for å beskrive menneskelig missbruk av enhver art. Stopp denne Krisemaksimeringen før den setter dype og uopprettelige spor.

Mars 2019

DEN DYPE

Alle opplyste mennesker vet at det bokstavelig talt brenner under våre føtter, men kun de som føler varmen på fotsålen gjør noe med det.

Mars 2019

STANDPOINT

At a certain point you realize that there is basically only one way and it's not upward. Don't take up the challenge to reverse that development, but fight to keep life going with positivity and optimism.

Oct. 2019

POLITICAL DILEMMA

The trick for modern Politicians is to pacify the small percentage of the population destroying the opportunities for democratic flowering. But it's not democratic, is it?

Oct. 2019

POLICE AND PROOF

Something is wrong when the Police need photographers to Prove their conduct during demonstrations with clear violations of democratic rights.

Oct. 2019

STANDPUNKT

På et tidspunkt innser man at det stort sett bare går en vei og den er ikke oppover. Ikke ta opp kampen med å snu den utviklingen, men kjemp for å holde livet gående med positivitet og optimisme.

Okt. 2019

POLITISK DILEMMA

Kunsten for moderne Politikere er å pasifisere den lille prosent av befolkningen som ødelegger mulighetene for demokratisk blomstring. Men det er vel ikke demokratisk?

Okt. 2019

POLITI OG BEVIS

Noe er galt når Politiet må ha fotografer for å Bevise sin opptreden under demonstrasjoner med klare overtredelser av demokratiske rettigheter.

Okt. 2019

MONEY II

It is easy to say that Money is not everything, even if many continue to think that's right. More than we think will understand it later in life.

Oct. 2019

UNITY OR SEPARATION

Every reasonable person understands that Unity is the way forwards. What should one call those who think that Separation is?

Oct. 2019

FORWARD AND RETRACTION

It is not always the case that a move Forward is the right one. Strategic Retraction can sometimes be important for final progress.

Oct. 2019

PENGER II
Det er enkelt å si at Penger ikke er alt, selv om mange fortsetter å tro det er riktig. Flere enn vi tror vil forstå det senere i livet.

Okt. 2019

SAMHOLD ELLER SEPARASJON
Ethvert fornuftig menneske forstår at Samhold er veien fremover. Hva skal man kalle de som tror at Separasjon er den riktige?

Okt. 2019

FREMOVER OG TILBAKETREKNING
Det er ikke alltid at et trekk Fremover er det riktigste. Strategisk Tilbaketrekning kan til tider være viktig for endelig fremgang.

Okt. 2019

PATIENCE II

Unfortunately, the Patient is often exploited and rarely gets any other thank then the good feeling of helping others.

Oct. 2019

WAITING II

Like many others, I called waiting for annoying waste of time. Since I started writing, I try to fill every available time interval with positive thoughts, thereby reducing the waiting time. Always with paper and pencil available. At times the waiting time become too short.

July 2020

EXPOSURE

Is it only stupid people who expose themselves, or is it a symbol of security and honesty?

April 2020

TÅLMODIGHET II
Den Tålmodige blir dessverre ofte utnyttet og får sjelden annen takk enn god-følelsen av å hjelpe andre.

Okt. 2019

VENTING II
Som sikkert mange andre kalte jeg venting for irriterende bortkastet tid. Siden jeg begynte å skrive, prøver jeg å fylle hvert ledige tidsintervall med positive tanker, for derved å gjøre ventetiden kortere. Alltid med papir og blyant tilgjengelig. Til tider blir ventetiden for kort.

Juli 2020

BLOTTSTILLE
Er det kun dumme mennesker som blottstiller seg, eller er det et symbol på trygghet og ærlighet?

April 2020

APOLOGY

People who cannot apologize think they are flawless, and that's their problem. In that case they are hopelessly lost.

April 2020

UPBRINGING II

Those who think they can raise the world are too late. They think they know everything and just look ahead, while we who have a long life behind us know that one day they will also realize the significance of the past.

April 2020

NATURE'S EXTREMES

Nothing can be compared to the beauty of Nature - and nothing can compare to its brutality.

May 2020

UNNSKYLDNING
Mennesker som ikke kan be om unnskyldning tror at de er feilfrie, og dem om det. I så tilfelle er de håpløst fortapte.

April 2020

OPPDRAGELSE II
De som tror de kan oppdra verden er for sent ute. De tror de vet alt og ser bare fremover, mens vi som har et langt liv bak oss vet at en dag vil også de innse betydningen av fortiden.

April 2020

NATURENS YTTERLIGHETER
Intet kan sammenlignes med Naturens skjønn-het - og intet kan måle seg med dens brutalitet.

Mai 2020

SPAIN'S POLITICAL COALITION II

My feeling is that the Spanish coalition government is a virus in addition to the Covid 19. It has proved very difficult for them to treat two viruses at the same time.

April 2020

PUT ON THE TIP?

Statistics in Spain show about the same number of unemployed as one year ago. The country has mostly been closed since early this year due to the Corona virus. Artificial breathing from the state to avoid many bankruptcies is not included in the statistics, which would otherwise show huge increases. The politicians portray the development as not being so negative?

April-May 2020

SURVIVAL OF THE FITTEST

Survival Of The Fittest is nature's prescription. That's why it exists. At times humans are reminded of this, as for instance when the Corona virus attacked us.

Jan. 2020

SPANSK POLITISK KOALISJON II

Min følelse er at den spanske koalisjonsregjeringen er et virus i tillegg til Covid 19. Det har vist seg svært vanskelig for dem å behandle to virus er samtidig.

April 2020

SATT PÅ SPISSEN?

Statistikk i Spania viser omtrent det samme antall arbeidsløse som for ett år siden. Landet har for det meste vært lukket siden tidlig i år grunnet Corona virus. Kunstig åndedrett fra staten for å unngå et stort antall konkurser blir ikke tatt med i statistikken, som ellers ville viser enorme økninger. Politikerne fremstiller dette som at utviklingen ikke er så negativ?

April-mai 2020

DEN STERKESTE OVERLEVER

At Den Sterkeste Overlever er naturens resept. Det er derfor den eksisterer. Noen ganger blir vi mennesker minnet om dette, som for eksempel når Corona-virusen angrep oss.

Jan. 2020

THE DEVELOPMENT OF NATURE

One of the biggest mistakes we humans can make is to interfere with Nature's own Development. It has millions of years of experience in keeping it going.

April 2020

THE SPANISH PRIME MINISTER

I believe that any average bureaucrat would be just as good as the Spanish Prime Minister. Saturday evening he babbled on TV 1 from 19.00 hour to well past 21.00, without any content of value. Is it exhibitionism?

April 2020

ABOUT UNDERSTANDING I

The day you understand and accept that everyone is right based on their prerequisites, life becomes easier to live.

May 2020

NATURENS UTVIKLING

En av de største feil vi mennesker kan gjøre, er å blande oss inn i Naturens egen Utvikling. Den har millioner av års erfaring i å holde det gående.

.April 2020

DEN SPANSKE STATSMINISTER

Jeg tror at enhver gjennomsnittlig byråkrat ville være like god som den spanske statsministeren. Lørdag kveld bablet han på TV 1 fra klokken 19 til godt over 21.00, uten noe innhold av verdi. Er det ekshibisjonisme?

April 2020

OM Å FORSTÅ I

Den dag du forstår og aksepterer at alle har rett ut fra sine forutsetninger, blir livet enklere å leve.

Mai 2020

ABOUT UNDERSTANDING II

The day we learn to complement each other, we have accepted that we all are different.

May 2020

THE WIND

This unseen traveller is all over the world, day and night, the whole year around.

June 2020

ABOUT THE COVID - 19 VACCINE

The horror scenario in a case like this is that only a few involved become part of it and that they provide for their own and their supporters.

June 2020

OM Å FORSTÅ II
Den dag vi lærer å utfylle hverandre, har vi ak-
septert at vi alle er forskjellige.

Mai 2020

VINDEN
Denne usynlige reisende er over hele verden,
dag og natt, hele året rundt.

Juni 2020

OM COVID - 19 VAKSINEN
Skrekkscenariet i et tilfelle som dette, er at bare
noen få involverte blir en del av den og at de
sørger for sine egne og støttespillerne.

June 2020

FUTURE AND PAST

Meaningful leaders have an understanding of the past. They have understood that there is no future without a past.

April 2020

UNINTERESTED

When you are totally uninterested, you are self-inflicted in a situation where you are put outside.

April 2020

CHALLENGES VI

Most of the challenges you face can be solved with your built-in intuition. When it comes to irrational reactions from women, everything is different. Then it takes endless forces or stupidity to move forward in a balanced relationship.

April 202

FREMTID OG FORTID

Betydningsfulle ledere har forståelse for fortiden. De har forstått at det ikke er noen fremtid uten en fortid.

April 2020

UINTERESSERT

Når man er totalt uinteressert, er man selvforskyldt i en situasjon hvor man settes utenfor.

April 2020

UTFORDRINGER VI

De fleste utfordringer du møter kan du løse med dine innebygde intuisjoner. Når det gjelder irrasjonelle reaksjoner fra kvinner stiller alt seg annerledes. Da kreves det uanede krefter eller stupiditet for å komme videre i et balansert forhold.

April 2020

DEAR GOD

Thanks for making me understand that those who do not understand can do nothing for their behaviour. It says in the Bible: Forgive them, because they do not know what they are doing.

April 2020

FLAWLESS II

No one is flawless. It is a comfort to know that we all make mistakes at times. They should be admitted, and to the extent possible, efforts should be made to correct them again.

June 2020

BRIDGING II

Understand the term as an attempt at uniting. Throughout history, many have sacrificed their lives in attempts at uniting. Most often they died by the hands of those who under no circumstances wanted association or peaceful co-existence. It costs to reach the goal, but fortunately some never give up.

July 2020

KJÆRE GUD
Takk for at jeg har forstått, at de som ikke forstår ikke kan noe for sin væremåte. Det står i Bibelen: Tilgi dem, for de vet ikke hva de gjør.

April 2020

FEILFRI II
Ingen er feilfri. Det er en trøst å vite at vi alle gjør feil til tider. De bør innrømmes, og i den grad det er mulig bør man bestrebe seg på å rette dem opp igjen.

Juni 2020

BROBYGGING II
Forstå uttrykket som forsøk på forening. Gjennom historien har mange ofret livet i forsøk på forening. Oftest ble de tatt av dage av dem som ikke under noen omstendighet ønsket forening eller fredelig sameksistens. Det koster å nå målet, men noen gir heldigvis aldri opp.

Juli 2020

YES AND NO

Yes and No should be clear statements. The challenges lie between these extremes. Unfortunately, not everyone takes a clear Yes for a Yes and a No for a No.

Feb. 2020

ROBOT AND HUMAN

A crucial difference between a Robot and a Human is, and will for a long time be, that the Robot will only do what it is told or programmed to do.

Feb.2020

PREREQUISITES II

How can we influence people's prerequisites so that they can understand what is best for us all? That challenge is probably the biggest one we face.

April 2020

JA OG NEI

Ja og Nei bør være klare uttalelser. Utfordringene ligger mellom disse ytterlighetene. Dessverre er det ikke alle som tar et klart Ja for et Ja og et Nei for et Nei.

Feb. 2020

ROBOT OG MENNESKE

En vesentlig forskjell på en Robot og et Menneske er, og vil i lang tid bli, at Roboten bare vil utføre det den er fortalt eller programmert til å gjøre.

Feb.2020

FORUTSETNINGER II

Hvordan kan vi påvirke menneskers forutsetninger, slik at de kan forstå hva som er best for oss alle? Den utfordringen er antagelig den største vi står overfor.

April 2020

NARROW-MINDED

Narrow Minded people have strong opinions and are rarely influenced by the arguments of others.

Feb. 2020

COMPLIMENTS

Compliments are like sun rays, they keep one warm.

(2018)

THE VOICE

This divine instrument can be played in many ways. The funny thing is that when used as a weapon, the Voice is perhaps the best of its kind, but unlike others it can have its greatest effect when not being used.

(1995)

TRANGSYNTE

Trangsynte mennesker har sterke meninger, og lar seg sjelden påvirke av andres argumentasjon.

Feb. 2020

KOMPLIMENTER

Komplimenter er som solstråler, de varmer.

(2018)

STEMMEN

Dette gudommelige instrument kan spille på mange strenger. Det pussige er at Stemmen brukt som våpen kanskje er det beste i sitt slag. I motsetning til andre kan den ha sin største betydning når den ikke blir brukt.

(1995)

CRITICISM I
If you Criticise others background you will in one form or another regret it.

(2018)

IN MY HEAD
In my Head there's a diode with thread - and behind my look so quick, there's many a click. To adjust, open and shut - the free circulation must never be cut.

HOPE
One will always be at the mercy of this slender, delicate but ever so important word.

(1994)

KRITIKK I
Hvis du Kritiserer andres bakgrunn, vil du i en eller annen form angre på det.

(2018)

I MITT HODE
I mitt Hode har jeg en diode - og bak mitt blikk, skjer det mange klikk. Her reguleres, åpnes og lukkes - det frie kretsløp må aldri slukkes.

HÅP
Man vil alltid være prisgitt dette spinkle sarte, men allikevel så betydningsfulle ordet.

(1994)

Sick and healthy
Syk og frisk

Laura Hamborg

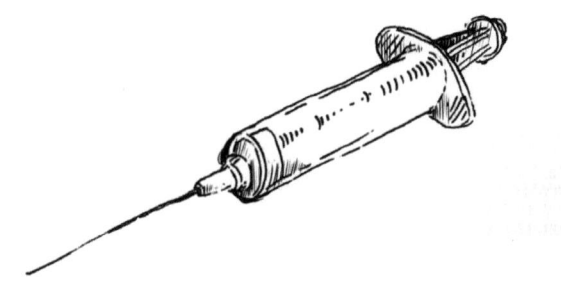

Jealousy
Sjalusi

Laura Hamborg

THE SHORTEST WAY
Although it is said that the Shortest Way to the goal is the quickest, it isn't always the best.

A BETTER WORLD
Let's just try to act a bit more objectively in our day-to-day lives - be a bit more diplomatic - perhaps just a few times each week. We needn't stretch further before seeing that the World would be a far Better place to live in.

(1990)

DETERIORATION
The correctness of history Deteriorates proportional to the time it takes from when it originated to the time it is written down.

DEN KORTESTE VEI
Selv om det sies at den Korteste Veien til målet
er den raskeste, er den ikke alltid den beste.

EN BEDRE VERDEN
La oss i det daglige bare opptre litt mer objek-
tivt - bare være litt mer diplomatiske, kanskje
bare noen få ganger hver uke.
Vi behøver ikke strekke oss lenger før vi vil se at
Verden blir mye Bedre å leve i.

(1990)

FORRINGELSE
Historiens riktighet Forringes jo lenger tid det
går fra opprinnelse til nedtegning.

THE WORD
A Word on its own may plough better than the plough itself.

SELF-CRITICISM
Although most of us think we are Self-Critical, we don't like to be Criticized. Self-Criticism is better, because then it will stay just between us and our own conscience.

Dec. 2018

DO WE BELIEVE...?
Do we Believe we are what we were, or do we Believe we were what we are? Were we better than we are, or better than we were? I don't Believe we were is my answer.

ORDET
Ordet alene kan pløye bedre enn plogen.

SELVKRITIKK II
Selv om de fleste av oss mener vi er Selvkritiske, liker vi ikke å bli Kritisert. Selvkritikk er bedre, for da blir det jo bare mellom oss og vår egen samvittighet.

Des. 2018

TROR VI AT...?
Tror vi at vi er hva vi var, eller Tror vi at vi var hva vi er?
Var vi bedre enn vi er, eller bedre enn vi var? Jeg Tror ikke vi var, er mitt svar.

STRONG AND WEAK I
As Strong, one emphasizes one's Strengths - while as Weak one displaces and suppresses them.

EVIL AN GOOD
As Evil, one wants others' pain and suffering - while as Good one does everything to make others feel well.

A MILDER FORM
"They came, they tried, and they lost".
"They came, they did their best, but unfortunately lost".

March 2019

STERK OG SVAK I

Som Sterk fremhever man det man mener er ens Sterke sider - som Svak fortrenger og undertrykker man dem.

ONDSKAPSFULL OG GOD

Som Ondskapsfull begjærer man de andres lidelse - mens man som God gjør alt man kan for andres velbehag.

EN MILDERE FORM

"De kom, de prøvde og de tapte".
"De kom, de gjorde sitt beste, med tapte uheldigvis".

Mars 2019

TOLERANT AND INTOLERANT I

As Tolerant one is indulgent for the sake of home peace - while as Intolerant one stands out to mark oneself.

COMPASSIONATE AND INSENSITIVE

As a Compassionate, one takes an interest in the situation of others with sympathy - while as Insensitive one rejects all approaches.

CARESSING AND REPELLENT

As a Caressing, one feel comfortable and want close contact - while as Repellent one clearly indicates the desire for physical distance.

TOLERANT OG INTOLERANT I

For husfredens skyld forblir man Tolerant - mens man som Intolerant står på sitt for å markere seg.

MEDFØLENDE OG UFØLSOMME

Som Medfølende tar man interesse i andres situasjon med sympati - mens man som Ufølsom avviser alle tilnærmelser.

KJÆLENDE OG AVVISENDE

Som Kjælende strutter man av god følelse og ønsker nærkontakt - mens man som Avvisende tydelig gir uttrykk for ønske om fysisk distanse.

WILL AND UNWILLINGNESS
The positive Will and the Will to understand are the most important Wills - while Unwillingness will always be negative.

SICK AND HEALTHY
To be Sick has many shades, which provide varied forms of chances. Being Healthy as a fish gives less risk for the Sickness to knock on the door.

THE NECK
To pull oneself up by the Neck, is a Norwegian expression which shouldn't be taken too literally. It would undoubtedly look strange if one stood there with one's arm at the back of one's Neck trying to pull and tear at it to force oneself to do something which one for various reasons has put off doing.

It is however, important at times to grab oneself by the scruff of the Neck, in order to stop oneself doing something there and then, even though it would seem to be a natural reaction to do so.

August 2012

VILJE OG UVILJE

Den positive Viljen og Viljen til å forstå er de viktigste Viljene - mens Uviljen alltid vil være negativ.

SYK OG FRISK

Sykdom har mange nyanser, som gir varierende former for sjanser. Mens å være Frisk som en fisk gir mindre risk, for at Sykdom på døren banker.

NAKKEN

Det å ta seg selv i Nakken er et uttrykk som naturlig nok ikke må tas for bokstavelig. Det ville utvilsomt se litt merkelig ut om man står der med en arm bak Nakken og river og sliter for å tvinge seg til å gjøre noe man av forskjellige grunner har utsatt.

Det er imidlertid viktig av og til å holde seg i Nakken, noe som vel betyr at man bør holde tilbake, ikke gjøre noe der og da, selv om det synes å være en naturlig reaksjon.

August 2012

NEGATIVE PERSONAL ATTRIBUTE

I feel pity for those who must step on others to keep themselves up.

March 2019

ENDEAVOUR

Making society more transparent is one of the most important ingredients in creating understanding and respect between humans. At the same time everything must be done to make the machinery of society more straight-forward for those of us who for different reasons don't spend the most important part of our life trying to understand the complexity of today's governance.

2016

LOVING AND UNLOVING

As Lovingly, one turns the other cheek around with a smile - while as Unloving one does everything to reject further dialogue.

NEGATIV PERSONLIG EGENSKAP
Stakkars de som må tråkke på andre for å holde seg selv oppe.

Mars 2019

BESTREBELSE
Bestrebelsen på å gjøre samfunnet mer transparent er en av de viktigste ingrediensene i å skape forståelse og respekt mellom oss mennesker. Samtidig må den aller største vekt legges på å gjøre samfunnsmaskineriet enklere og mer oversiktlig for de av oss som av forskjellige grunner ikke benytter den vesentligste del av vår tid på å sette oss inn i det komplekset som representerer dagens samfunnsstyring.

2016

UPÅVIRKELIG OG PÅVIRKELIG
Som Upåvirkelig styrer man rett frem uten å la seg Påvirke. Som Påvirkelig vurderer man åpent andres ideer og tanker.

FLAWLESS IV

The one who admits his faults will often be respected.

June 2020

EVERYONE FIGHT FOR OWN IDEAS

In politics Everyone is Fighting For Own Ideas. Nothing wrong with that, but if everyone Fights like that there will be no common denominator, which is a prerequisite for progress.

Nov. 2019

IMPOSSIBLE

One should not accept that something is Impossible before every way out has been tried.

May 2019

FEILFRI IV
Det står som regel respekt fra en som innrøm-
mer sine feil.

Juni 2020

ALLE KJEMPER FOR EGNE IDEER
I politikken Kjemper Alle For Egne Ideer. Intet
galt i det, men hvis alle Kjemper for sitt blir det
ingen fellesnevner, som er en forutsetning for
fremdrift.

Nov. 2019

UMULIG
Man skal ikke godta at noe er Umulig før alle
utveier er forsøkt.

Mai 2019

THE FLYWHEEL
It is with the marriage as with the Flywheel, once in between power must be added to keep it going.

2016

IMAGINATION AND INNOVATION
Without Imagination no Innovation - Imagination is the driving force.

2013

TOUCHINESS I
To be Touchy is a human weakness that affects the self-centred.

SVINGHJULET
Det er med ekteskapet som med Svinghjulet,
det må tilføres kraft en gang imellom for å hol-
des gående.

2016

FANTASI OG NYSKAPING
Uten Fantasi ingen Nyskaping - Fantasi er driv-
kraften.

2013

NÆRTAGENHET I
Nærtagenhet er en menneskelig svakhet som
rammer de selvopptatte.

THE SOUL

I do not need the theologians' testimony to understand that there is a "Soul" with capital S.

BIRTH

We have all arrived the same way, but every time it's an equally great riddle.

May 2019

INEXPLICABLE

The word Inexplicable creates excitement and anticipation, until the explanation is available.

Oct. 2019

SJELEN

Jeg behøver ikke teologenes vitnesbyrd for å forstå at det finnes en "Sjel" med stor S.

FØDSEL

Vi er alle kommet på samme måte, men hver gang er det en like stor gåte.

Mai 2019

UFORKLARLIG

Ordet Uforklarlig skaper spenning og forventning, helt til forklaringen foreligger.

Okt. 2019

FLAWLESS I
Not even Our Lord is flawless. Does the Bible say anything about it?

June 2020

OBVIOUSLY
Much you hear is Obvious, and often some-thing you don't think closer over before seeing it in print.

Oct. 2019

LACK OF CONFIDENCE
Lack of Confidence To The Supplier at all stages of the chain will sooner or later cause breaching.

Oct. 2019

FEILFRI I
Selv ikke Vår Herre er feilfri. Sier Bibelen noe om det?

Juni 2020

ÅPENBART
Mye man hører er Åpenbart, og ofte noe man ikke tenker nærmere over før man ser det på trykk.

Okt. 2019

MANGLENDE TILLIT
Manglende Tillit Til Leverandøren i alle ledd av kjeden, vil før eller senere føre til brudd.

Okt. 2019

ME - ME AND ME

Me - Me and Me is not the answer to the future.

Oct. 2019

OPPOSITION - COUNTERWEIGHT

Opposition and Counterweight is necessary. It is only when extremism comes into the picture that everything comes into imbalance.

Oct. 2019

TO FEEL SORRY FOR

It is a pity on those who themselves do not understand that it is a pity on them.

April 2020

MEG - MEG OG MEG

Meg - Meg og Meg er ikke svaret på fremtiden.

Okt. 2019

OPPOSISJON OG MOTVEKT

Opposisjon og Motvekt er nødvendig. Det er kun når ekstremismen kommer inn i bildet at alt kommer i ubalanse.

Okt. 2019

Å SYNES SYND PÅ

Det er synd på de som ikke selv forstår at det er synd på dem.

April 2020

IT TAKES TWO TO TANGO
Why was Tango chosen in the phrase: "It Takes Two To Tango?" Why not waltz or foxtrot?

June 2020

EITHER OR
Black and white is either or - while positive and negative has just as many nuances as the invisible colour gamut between black and white.

May 2020

INFINITY
A day or a whole life is just as valuable in the eyes of Infinity.

May 2020

DET TRENGS TO TIL TANGO

Hvorfor valgte man Tango i uttrykket: "Det Trengs To Til Tango?" Hvorfor ikke vals eller foxtrot?

Juni 2020

ENTEN ELLER

Svart og hvitt er enten eller, mens positiv og negativ har like mange nyanser som den usynlige farge-skalaen mellom svart og hvit.

May 2020

UENDELIGHET II

En dag eller ett helt liv er like verdifullt i Uendelighetens øyne.

Mai 2020

TRAGEDY
The tragic thing is that those who do not understand that they don't understand, don't understand.

June 2020

SPAIN'S POLITICAL COALITION I
The Spanish Coalition government is a virus on its own. It will when time comes get its price.

April 2020

GIRLS CAN DO ANYTHING
The slogan: "Girls can do anything" is in one way or other widespread. Yes, but do they want to?

May 2020

TRAGEDIE

Det tragiske er at de som ikke forstår at de ikke forstår, ikke forstår.

Juni 2020

SPANSK POLITISKE KOALISJON

Den spanske koalisjonsregjeringen er et virus i seg selv. Det vil når tiden kommer få sin pris.

April 2020

JENTER KAN GJØRE ALT

Slagordet: "Jenter kan gjøre alt" er i en eller annen form utbredt. Ja, men vil de?

Mai 2020

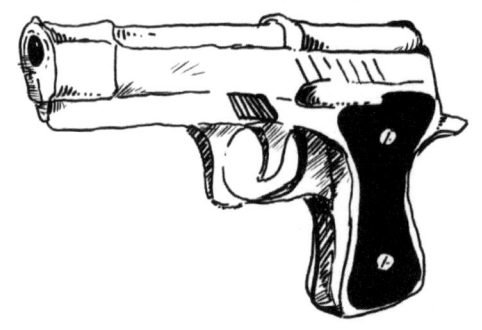

Injured by gunshot
Skadeskutt

Laura Hamborg

To gather and Spreading
Samling og Spredning

Laura Hamborg

TRUST AND CONFIDENCE

You cannot show other Trust if you don't have Confidence.

Feb.2020

LIFE UNTIL NOW

Until now I've lived Life - and experienced Life.

(1995)

YOU INNER SPIRIT

Your Inner Spirit determines your life.

TILLIT OG SELVTILLIT
Du kan ikke vise andre Tillit hvis du ikke har Selvtillit.

Feb.2020

LIVET SÅ LANGT
Til nå har jeg Levet Livet - og opplevet Livet.

(1995)

DIN INDRE SPIRIT
Din Indre Spirit bestemmer ditt liv.

CURIOSITY
Curiosity is the driving force behind progress.

(2013)

INNER SPIRIT
The way you look at beauty is reflected by your Inner Spirit.

BLACK - WHITE
One simplifies one's views to an either - or.

NYSGJERRIGHET

Nysgjerrighet er drivkraften i all fremdrift.

(2013)

INDRE SPIRIT

Måten du bedømmer skjønnhet på, reflekterer din Indre Spirit.

SVART - HVITT

Man forenkler sine synspunkter til et enten - eller.

BALANCE AND IMBALANCE
Happiest are those who find Balance in daily life. Imbalance creates an unconscious continuous struggle to achieve Balance.

REALITY OF LIFE
If we disregard the political, most of us make choices throughout our lives. Those who do not sail in the ranks of chance, while those who do, are themselves responsible for the consequences.

August 2020

RELIGIONS
Why does it have to be a battle over religions?
Everyone is right based on their prerequisites, so why not accept it, even if the ideology is different.
However, if it is judgemental of others, one must react. No one has a patent on the right religion.

August 2020

BALANSE OG UBALANSE

Lykkeligst er de som finner Balanse i dagliglivet. Ubalanse skaper en ubevisst kontinuerlig kamp for å oppnå Balanse.

LIVETS REALITET

Ser vi bort fra de politiske, tar de fleste av oss valg gjennom hele livet. De som ikke gjør det, seiler med i tilfeldighetenes rekker, mens de som gjør det, står selv ansvarlig for konsekvensene.

August 2020

RELIGIONER

Hvorfor må det være en kamp om religioner?

Enhver har rett ut fra sine forutsetninger, så hvorfor ikke akseptere det, selv om ideologien er forskjellig.

Hvis den imidlertid er fordømmende mot de andre må man reagere. Ingen har patent på den riktige religionen.

August 2020

NO ONE GETS AWAY

It can be a comfort when you think you have had enough challenges, to know that everyone gets theirs. It's just the way we get it that is different.

July 2020

INGEN SLIPPER UNNA

Det kan være en trøst når man synes man har fått nok utfordringer, å vite at alle får sitt. Det er bare måten vi får det på som er forskjellig.

Juli 2020